RAPPORT

Sur une Mission à Paris pour étudier auprès de M. Pasteur
les inoculations préventives de la rage.

PRÉSENTÉ A

MM. LES MEMBRES DE LA COMMISSION DÉPARTEMENTALE

des Bouches-du-Rhône

PAR

Le Docteur LIVON, Charles

Professeur à l'École de Médecine de Marseille.

MARSEILLE

TYPOGRAPHIE ET LITHOGRAPHIE BARLATIER-FEISSAT

Rue Venture, 19.

1886

RAPPORT

Sur une Mission à Paris pour étudier auprès de M. Pasteur
les inoculations préventives de la rage.

PRÉSENTÉ A

MM. LES MEMBRES DE LA COMMISSION DÉPARTEMENTALE

des Bouches-du-Rhône

PAR

Le Docteur LIVON, Charles

Professeur à l'École de Médecine de Marseille.

———

MARSEILLE

TYPOGRAPHIE ET LITHOGRAPHIE BARLATIER-FEISSAT

Rue Venture, 19.

—

1886

RAPPORT

Sur une Mission à Paris pour étudier auprès de M. Pasteur
les inoculations préventives de la rage

PRÉSENTÉ A

MM. LES MEMBRES DE LA COMMISSION DÉPARTEMENTALE

Des Bouches-du-Rhône

PAR

Le Docteur LIVON, Charles

Professeur à l'École de Médecine de Marseille

———⌇⌇⌇———

MESSIEURS,

A peine M. Pasteur venait-il de faire connaître tour à tour
à l'Institut et à l'Académie de médecine, dans les mémorables
journées des 26 et 27 octobre 1886, les premiers résultats de
l'application de ses découvertes sur la rage, que comprenant
de suite toute la portée de cette communication, vous avez,
dans votre séance du 7 novembre 1885, pris, les premiers,
l'initiative d'envoyer auprès de lui un professeur de l'Ecole
de médecine de Marseille pour suivre ses expériences et s'initier à cette immortelle découverte.

Vous avez bien voulu, Messieurs, me faire l'honneur de me
confier cette mission aussi belle qu'intéressante. Je viens
aujourd'hui vous en rendre compte. Mais avant, permettez-
moi de vous exprimer toute ma gratitude, pour les joies scien-
tifiques que vous m'avez fourni l'occasion de goûter pendant

mon séjour dans le laboratoire de l'illustre savant, dont la France a le droit d'être fière.

Permettez-moi aussi d'adresser ici même mes plus sincères remercîments à M. Pasteur, pour la façon on ne peut plus cordiale avec laquelle il m'a reçu, m'ouvrant largement les portes de son laboratoire, et me faisant ainsi connaître, dans tous ses plus petits détails, le fruit de longues années de travaux et de recherches qui l'ont amené à découvrir les moyens d'arrêter l'évolution de cette terrible maladie connue sous le nom de *rage*, et dont le nom seul jetait la terreur dans tous les esprits.

Dès le premier jour de mon arrivée à Paris, j'ai pu assister à l'inoculation prophylactique pratiquée sur une quinzaine de personnes en traitement, toutes mordues par des chiens reconnus enragés. Et ce qui prouve combien la découverte de M. Pasteur avait été reçue avec confiance et enthousiasme, non seulement en France, mais encore à l'étranger, c'est que plusieurs de ces personnes n'avaient pas craint de franchir de grandes distances, en venant de la Russie, de la Hongrie, de l'Algérie et de tous les points de la France, pour réclamer les bienfaits d'une découverte qui les mettait à jamais à l'abri d'une mort aussi horrible que fatale.

J'assistais même, ce premier jour (7 décembre 1885), à l'arrivée de deux nouveaux sujets : une vieille femme cruellement mordue à la main droite et un jeune homme mordu à la jambe et au visage. Ce qui portait déjà à 80 le nombre des personnes traitées par les inoculations préventives.

Dans un rapport comme celui que j'ai l'honneur de vous adresser, relativement à la mission que vous avez bien voulu me confier, je ne puis relater jour par jour ce que j'ai observé, je sacrifierais ainsi la clarté du sujet, pour ne faire qu'un exposé journalier de mes observations, et, dans une question importante comme celle dont j'ai à vous entretenir, je pense qu'il ne faut rien négliger pour être clair. Aussi, synthétisant toutes les notes que j'ai pu prendre jour par jour. je me propose de vous décrire tous les temps de cette admirable découverte, en suivant l'ordre dans lequel ce sujet doit être envisagé.

Mais, avant de parler de la méthode, telle qu'elle est appliquée à l'heure actuelle et pour mieux mettre en évidence la portée considérable de la découverte de M. Pasteur, je crois utile, sans m'occuper de la maladie elle-même, dont je n'ai pas à faire la description ici, de rappeler en quelques mots, ce qu'est la rage, et combien les traitements conseillés jusqu'à nos jours ont été divers, empiriques, absurdes même et peu sûrs, puisqu'ils n'étaient basés que sur de pures hypothèses.

« La rage, pour nous servir de la définition de M. Brouardel (*Dictionnaire encyclopédique*), est une maladie virulente, qui ne naît pas spontanément chez l'homme, elle lui est inoculée par les morsures d'animaux enragés (chien, loup, chat, rarement par les herbivores). Une fois introduit sous l'épiderme, le virus ne trahit sa présence par aucun signe pendant un temps qui varie de quelques jours à plusieurs mois ; et lorsqu'éclatent les symptômes qui dévoilent son action, ceux-ci sont caractérisés principalement par des troubles du système nerveux, hyperesthésie des sens, hallucinations, spasmes cloniques ou toniques occupant surtout les muscles qui président à la déglutition et à la respiration. Ces convulsions entraînent la mort dans un espace de temps qui dépasse rarement trois ou quatre jours. »

Une maladie pareille connue dans ses effets, dès la plus haute antiquité, surtout sur les animaux (car pour Aristote, l'homme serait excepté), devait nécessairement frapper de terreur et faire naître tous les traitements possibles, traitements basés sur la façon dont on cherchait à expliquer la nature du mal.

Je ne veux pas, pourtant, me perdre à faire l'historique complet du traitement de la rage, car ce serait fastidieux et inutile. Je veux seulement, par quelques points, montrer les absurdités qui ont régné relativement à cette maladie.

On trouve bien de temps en temps des indications sérieuses, mais à côté de cela que d'erreurs !

C'est ainsi que Celse, conseillait de tirer le virus au dehors au moyens de ventouses et de cautériser les plaies avec le feu ou avec les caustiques, mais à côté de cela, il recommandait comme seul remède à tenter, de jeter tout à coup la personne enragée, lorsqu'elle ne s'y attendait pas, dans un bassin ; se basant sur ce fait que le malade était tourmenté par la soif et la crainte de l'eau.

Et dire que les croyances populaires ont accordé plus de confiance à ces tentatives de noyades, qu'à l'emploi des cautérisations. Aussi, combien d'enragés n'a-t-on pas noyés !

Il est vrai qu'il ne faut pas être trop surpris des exagérations des croyances populaires, lorsqu'on voit, en 1802, Bosquillon, prétendre que le virus rabique n'existe pas et que c'est la peur qui donne l'hydrophobie.

On peut vraiment dire que si l'imagination n'a pas engendré la rage, elle a fait, jusqu'à présent, tous les frais des médications conseillées et toujours avec le même résultat, c'est-à-dire sans beaucoup de succès.

Tous les moyens proposés n'ont d'intérêt, comme le dit M. Brouardel, que pour celui que captive l'histoire de la crédulité humaine.

C'est ainsi que l'on a conseillé les saignées, l'eau sous forme de bain ou en injections intra-veineuses, les bains de surprise, les anesthésiques, l'électricité, l'inoculation du venin de la vipère, les pèlerinages à Saint-Hubert, les pratiques superstitieuses et une foule de substances plus ou moins bizarres et variées dont on trouvera, du reste, la fastidieuse nomenclature dans l'article de M. Brouardel, dans le *Dictionnaire encyclopédique*.

Aussi, après avoir parcouru tout ce qui a été écrit sur la rage, on peut sérieusement dire que la vraie période scientifique de cette maladie est de date toute récente, et qu'elle n'a franchement commencé que depuis les travaux du laboratoire de M. Pasteur, grâce à une méthode expérimentale sûre et précise, comme on sait l'employer au laboratoire de la rue d'Ulm.

Des tentatives nombreuses d'expérimentation ont bien, il est vrai, été faites avant que M. Pasteur n'entreprenne l'étude du virus rabique, mais faute d'une méthode rigoureuse, les résultats étaient incertains, contradictoires même. Il faut donc rejeter dans le chapitre de l'historique tout ce qui est antérieur aux travaux de M. Pasteur et de ses collaborateurs. Il faut, pour ainsi dire, faire table rase de l'innombrable quantité de mémoires parus sur la rage et ne considérer cette maladie et son traitement prophylactique que depuis M. Pasteur. C'est, du reste, ce que nous nous proposons de faire ici, en envisageant les merveilleuses applications qui découlent de ses découvertes.

Les travaux antérieurs de M. Pasteur sur les virus, avaient démontré que pour étudier d'une façon rigoureuse l'action d'un virus, il fallait pouvoir se le procurer à l'état de pureté, et qu'une fois en possession de ce virus pur, les résultats obtenus étaient toujours constants. On pouvait alors plus facilement en étudier le mode d'action et les conditions nécessaire à son évolution.

C'est cette étude minutieuse qui a permis d'en arriver à l'atténuation des virus et aux procédés de vaccination

La rage, étant une maladie virulente, la première question à résoudre était de pouvoir se procurer le virus à l'état de pureté, ce que, jusque là, personne n'était arrivé à avoir.

C'est pour cela que, parmi les tentatives très-nombreuses d'inoculation faites, les unes, n'ayant donné que des résultats négatifs, faisaient conclure par les expérimentateurs, à la non-inoculabilité de la rage; les autres, ayant produit des inoculations positives, faisaient conclure à son inoculabilité. La salive était généralement le liquide que l'on inoculait, or, il est bon de faire observer que la salive renferme, avec beaucoup de corps étrangers, de nombreux microbes, qui, inoculés en même temps que le virus rabique, peuvent évoluer et donner naissance à des complications qui gênent l'évolution du virus rabique et peuvent même masquer son effet.

Ces expériences ne présentaient donc pas cette rigueur scien tifique expérimentale que l'on doit désirer.

D'où pouvaient provenir ces divergences dans les résultats? Précisément de l'impureté du virus que l'on employait.

Les faits n'ont montré malheureusement que trop souvent que la salive d'un animal enragé était virulente ; mais, les expériences nombreuses faites avec la salive d'animaux ou d'hommes morts de la rage, ont montré aussi, que cette salive ne fournissait qu'un virus impur qui ne pouvait donner de résultats constants.

La première question à élucider, était donc de rechercher dans l'organisme le point où le virus rabique se présenterait avec le plus de pureté.

Se basant sur ce fait que la rage est communiquée soit à l'homme, soit aux animaux par les morsures, le premier liquide avec lequel on a fait des inoculations a été la salive. Mais, comme l'ont démontré de nombreuses expériences, les inoculations pratiquées sous la peau avec la salive rabique, sont incertaines et de plus dans ces conditions, quand on expérimente sur les chiens, la longueur de l'incubation vient ajouter à la difficulté et à l'incertitude des inoculations de salive.

Il est vrai d'ajouter que depuis les recherches de M. Galtier, de Lyon, sur la rage du lapin, on peut dire que l'on possède en cet animal un réactif précieux.

« Mais malgré cela, comme le dit M. Roux (des nouvelles acquisitions sur la rage, page 13, thèse Paris, 1883), lorsqu'on inocule de la bave rabique à des lapins, il peut arriver que les animaux succombent :

1° A la rage, après un temps d'incubation assez court, 14 à 18 jours, comme l'a établi M. Galtier ;

2° A la rage, après des incubations plus ou moins longues, jusqu'à cinq mois et plus ;

3° A des accidents purulents, ou à l'envahissement de leur organisme par quelques-uns des microbes connus de la salive.

Enfin, il arrive souvent aussi que les animaux ainsi inoculés n'éprouvent aucun mal. Chez ceux qui ont eu des accidents locaux au point d'inoculation, la guérison de ces complications peut se faire sans que dans la suite la rage apparaisse.

On ne peut donc pas dans l'inoculation de la salive rabique à des lapins, compter sur des résultats constants.

Même inconstance dans les résultats, lorsque les inoculations ont été pratiquées avec des glandes salivaires ou du mucus bronchique.

Même résultat avec le sang, ou en nourrissant des animaux avec de la viande d'un animal enragé.

Résultats aussi inconstants en insérant sous la peau d'un animal, un fragment de nerf.

Les symptômes observés semblaient pourtant bien indiquer que le virus rabique s'attaquait de préférence au système nerveux. Aussi M. Duboué (de Pau) n'avait-il pas hésité à édifier sur la rage une théorie, établissant que le virus rabique se propageait par les nerfs, du point de la morsure vers les centres nerveux pour retourner de là à la bouche par les glandes salivaires.

Mais ce n'était là qu'une jolie conception à *priori*.

C'est pourtant bien dans le système nerveux que se trouve le virus rabique avec toute sa pureté, mais dans le système nerveux central. C'est un fait qui a été démontré dans le laboratoire de M. Pasteur : et depuis plusieurs années que les expériences sont faites, rien n'est venu le contredire.

Le 24 décembre 1880, le liquide céphalo-rachidien d'un homme mort de la rage depuis 26 heures, est recueilli avec toutes les précautions nécessaires et injecté sous la peau du ventre de deux lapins. L'un meurt de la rage le 21 février 1881, l'autre n'a rien éprouvé. A partir de ce moment, la rage a été communiquée à bien des animaux, non-seulement avec du liquide céphalo-rachidien, mais aussi et surtout avec des fragments de bulbe rachidien.

Dans ces conditions, la rage se déclare beaucoup plus souvent et beaucoup plus sûrement que dans les tentatives précédentes. C'est que l'on se trouve en présence d'un liquide ou d'un tissu qui possède une virulence bien marquée ; sans mélange, avantage considérable, de microbes étrangers, si l'on opère avec les précautions qui sont la règle, toutes les fois que l'on fait des expériences de cette nature. C'est ce qui fait que les animaux inoculés ne meurent jamais d'accidents purulents, s'ils ne meurent pas de la rage.

Une lacune restait à combler, il appartenait au génie de M. Pasteur de la combler.

Les animaux inoculés avec un fragment de bulbe d'un animal mort enragé, mouraient beaucoup plus fréquemment que lorsqu'on inoculait de la salive ou une autre partie de l'organisme, mais la période d'incubation n'avait rien de régulier et ils ne mouraient pas tous. On se trouvait donc en présence d'un virus sans mélange, mais qui ne produisait pas tous ses effets, lorsqu'il était déposé dans les flancs d'un autre animal. C'est alors que l'illustre savant conçut l'idée d'aller déposer le virus dans toute sa pureté, au sein même du système qui semblait être son terrain de culture par excellence.

Lorsqu'on porte ainsi, dit M. Roux (*loc. cit.* page 25) sous la dure-mère, à la surface du cerveau d'un animal sain, une parcelle du bulbe d'un animal mort de la rage, si l'opération a été bien faite, aussitôt que l'influence du chloroforme s'est dissipée, l'opéré reprend toutes les allures de la santé. Mais au bout d'un temps qui varie de 6 à 15 jours, voilà que les symtômes rabiques se manifestent avec toute la netteté et l'intensité qu'ils ont dans la rage naturelle. *La période d'incubation a été presque supprimée.* Par cette méthode, plus d'attentes si pénibles pour l'expérimentateur et aussi plus d'inoculations négatives. Tout chien qui reçoit à la surface du cerveau un peu du bulbe d'un animal enragé, succombe à la rage dans un laps de temps, qui, dans la grande majorité des cas, ne dépasse pas trois semaines. A tel point que le virus rabique a pu être entretenu pendant des années au laboratoire, par des inoculations intra-arachnoïdiennes successives, sans qu'un insuccès vienne interrompre cette suite de transmission.

On se trouvait donc là en présence d'une méthode sûre et d'un virus d'une grande pureté, puisque la méthode donnait des résultats certains et le virus des effets constants.

M. Pasteur avait donc en mains les éléments nécessaires pour étudier le virus rabique, comme il avait étudié les autres virus.

Les résultats, comme on le verra par la suite, ont couronné ses recherches de la façon la plus glorieuse.

Le 11 août 1884, M. Pasteur, au Congrès international des sciences médicales tenu à Copenhague, exposait dans une magnifique conférence, les premiers résultats de ses études sur le virus rabique, sa culture et son atténuation.

« Ces deux grands résultats, dit-il, présence constante du virus dans le bulbe au moment de la mort et certitude de donner la rage par l'inoculation dans la cavité arachnoïdienne, sont comme des axiomes expérimentaux et leur importance est capitale. Grâce à la précision de leur application et à la mise en œuvre pour ainsi dire quotidienne de ces critériums de l'expérience, nous pûmes avancer avec sûreté dans une étude aussi ardue. »

C'est grâce à cette sûreté de méthode que l'on put résoudre ce premier point, que la rage ordinaire du chien est une dans sa virulence, car toutes les inoculations pratiquées par la méthode des trépanations, avec n'importe quel chien rabique, ont donné les résultats suivants : Incubation comprise, pour ainsi dire sans exception, dans un intervalle de 12 à 15 jours. Jamais on ne tombe sur des durées d'incubation de 11, 10, 9 et de 8 jours ; jamais non plus sur des durées d'incubation de plusieurs semaines et de plusieurs mois.

Mais si on inocule, toujours par trépanation, des lapins successivement avec le bulbe des lapins morts après les premiers passages, on constate très manifestement une tendance à la diminution de la durée de l'incubation.

C'est ainsi qu'après des premiers lapins inoculés le 15 novembre 1882, qui moururent le dix-septième et le dix-huitième jour, l'un des deuxièmes, inoculé avec le bulbe d'un des premiers, mourut le quinzième jour ; celui inoculé avec ce deuxième mourut le dixième jour ; celui avec le troisième, le dixième jour ; au cinquième passage, mort après onze jours ; onze jours pour le sixième ; douze pour le septième ;

dix pour le huitième ; dix pour le neuvième et le dixième ; en neuf jours pour le onzième ; « en huit pour le douzième et ainsi de suite avec des variations de vingt-quatre heures au plus, jusqu'au vingt-et-unième passage où la rage s'est déclarée en huit jours et ultérieurement toujours en huit jours, jusqu'au cinquantième passage qui vient d'avoir lieu ces jours derniers » (août 1884).

Le premier point acquis, grâce à cette méthode rigoureuse et infaillible, était donc que par des passages successifs sur le lapin, la rage du chien acquérait une virulence maximum et une précision, dans sa force, presque mathématique.

Au point de vue expérimental et scientifique, c'était déjà un joli résultat qui montrait que l'on se trouvait en présence d'un virus d'une pureté incontestable et d'une constance absolue, puisque, malgré le temps considérable écoulé depuis le premier passage du chien au lapin et le cinquantième, *jamais* il n'y avait eu la moindre lacune, le résultat s'était toujours montré avec une précision étonnante.

Mais à vrai dire, était-ce là ce que l'on devait rechercher pour en tirer une application quelconque ? Devait-on chercher à renforcer le virus ou, au contraire, à l'atténuer pour en retirer une sorte de vaccin, comme on l'avait fait pour d'autres virus ?

Les procédés en usage pour les virus dont l'atténuation avait été obtenue, n'ont donné que des résultats négatifs pour la rage, il fallait donc chercher un autre procédé. C'est alors que M. Pasteur, se basant sur l'opinion de Jenner, eut l'idée de diminuer la virulence en faisant passer le virus à travers le corps de certains animaux.

Bien des animaux furent choisis pour l'expérience, mais le résultat fut presque toujours le même que sur le lapin, exaltation de la virulence, ce qui était le contraire de ce que l'on recherchait. Le singe seul fit exception et l'expérience démontra qu'en faisant passer le virus rabique de singe à singe, la rage mettait toujours un temps de plus en plus long à se développer, il y avait par conséquent diminution de la virulence et cette diminution était on ne peut plus marquée, lorsque l'on faisait passer le virus de ces divers singes au lapin, ou même au chien. Il arrivait même un moment où la rage ne se développait plus. On était donc en possession d'un virus dont la virulence était bien atténuée, puisque inoculé à des animaux, il ne faisait pas naître la maladie.

Il suffisait pour cela de prendre un fragment de bulbe d'un lapin issu d'un singe de passage assez élevé, pour la première inoculation ; les autres se faisaient avec des bulbes de lapins provenant par passages successifs, du lapin ayant servi de point de départ.

En opérant ainsi, non seulement les animaux ne contractaient pas la rage, mais encore ils n'étaient plus aptes à la contracter, ni après morsure, ni après trépanation et injection de virus très-virulent à la surface du cerveau. Les animaux étaient devenus réfractaires, *ils étaient vaccinés.*

Grâce à cette méthode de vaccination appliquée aux chiens, il fut possible d'avoir un certain nombre de chiens réfractaires, qui, comparés par série à des chiens sains. permirent de démontrer combien la méthode était sûre. C'est du reste ce qui ressort de la communication de M. Pasteur à Copenhague et des rapports qui ont été adressés à M. le Ministre de l'Instruction publique, par la Commission officielle de la rage. Les animaux vaccinés se sont montrés réfractaires à tous les modes d'inoculation ; injection, morsures, trépanation, tandis que les chiens témoins, soumis aux mêmes modes d'inoculation, mouraient dans une proportion de 66 %.

Un grand pas était donc fait dans cette question de l'atténuation du virus rabique et sa transformation en vaccin. Mais pourtant la rigueur des résultats n'était pas encore telle qu'elle ait pu autoriser l'application sur l'espèce humaine ; car, comme l'a dit plus tard M. Pasteur, dans sa communication en octobre 1885, il n'aurait pu, par ce procédé, conférer l'immunité d'une façon absolue. Tout au plus s'il aurait pu répondre de rendre réfractaires 15 à 16 chiens sur 20.

C'est dans les mémorables journées des 26 et 27 octobre 1885, que M. Pasteur a fait connaître à l'Académie des sciences et à l'Académie de médecine, la nouvelle méthode qui lui donnant des résultats absolument sûrs, lui avait permis d'entreprendre la prophylaxie de la rage sur l'homme.

Cette méthode est la suivante, je vais l'exposer en détail, car j'ai pu en suivre tous les temps pendant mon séjour au laboratoire de l'illustre maître.

« Après des expériences pour ainsi dire sans nombre, disait M. Pasteur, je suis arrivé à une méthode prophylactique pratique et prompte, dont les succès, sur le chien, sont déjà assez nombreux et sûrs, pour que j'ai confiance dans la généralité de son application à tous les animaux et à l'homme lui-même. »

Ainsi que nous l'avons vu précédemment, le lapin constitue un terrain on ne peut plus favorable pour cultiver le virus rabique et obtenir un virus d'une force maximum, toujours identique à lui-même et d'une pureté parfaite, puisque jamais, même après plusieurs années, aucun accident n'est venu interrompre la série des expériences, lorsque le procédé opératoire était suivi exactement.

Les recherches du laboratoire de M. Pasteur, ayant démontré que c'est dans le système nerveux central et surtout dans le bulbe des animaux, que se trouve le virus avec son maximum d'intensité, il suffit pour transmettre à coup sûr la rage au lapin, d'inoculer par trépanation un de ces animaux, et d'injecter sous la dure-mère, dans la cavité arachnoïdienne, un peu du bulbe provenant d'un chien mort de la rage des rues.

Procédé opératoire. — Pour faire cette inoculation par répanation, on procède de la façon suivante : Le lapin est fixé par les quatre pattes sur un appareil à immobilisation, on l'anesthésie en lui faisant respirer, avec les précautions d'usage, un peu de chloroforme que l'on verse dans un cornet de papier. Quelques instants suffisent pour produire l'anesthésie chez l'animal, qui doit être surveillé pendant tout le temps que dure l'influence du chloroforme, car il arrive quelquefois que le lapin est vite tué par l'anesthésique.

L'animal étant endormi, on coupe au moyen de ciseaux, les poils qui recouvrent le crâne ; puis avec un bistouri on pratique sur la ligne médiane du crâne, une incision qui doit comprendre toutes les parties molles. Incision de quelques centimètres.

Inutile de dire que dans toutes les opérations que l'on pratique en vue d'une expérience, il est de la plus grande nécessité de n'employer que des instruments absolument propres, flambés ou fortement phéniqués.

L'incision une fois pratiquée, les lèvres de la plaie sont tenues écartées, soit par un aide, soit au moyen d'un écarteur. Un blépharostat peut parfaitement servir en ce cas. Un peu en dehors de la ligne médiane, afin d'éviter l'hémorrhagie des sinus, on applique alors une petite couronne de trépan ayant environ 5 à 6 millimètres de diamètre. En pratiquant cette petite opération, quelques précautions sont à prendre. Il faut éviter que le perforateur qui occupe le centre de la couronne, ne dépasse l'épaisseur de l'os et ne vienne perforer la dure-mère et déchirer le cerveau ; pour cela, on le fait rentrer, une fois que la couronne a tracé un sillon suffisant. Il faut ensuite s'arrêter à temps, lorsque la paroi osseuse est sectionnée, ce que l'on comprend parfaitement avec un peu d'habitude. Pourtant, il vaut mieux, pour plus de sûreté, s'arrêter un peu plus tôt et essayer de faire sauter le petit disque osseux, au moyen d'un élevateur ou d'un crochet mousse. De cette manière la dure-mère est parfaitement respectée et il n'y a presque pas d'écoulement sanguin.

Ce temps de l'opération effectué, on se trouve en présence de la dure-mère et si le lieu de la trépanation a été bien choisi, il n'y a même aucun écoulement sanguin.

L'animal est prêt, il ne reste qu'à pratiquer l'inoculation avec le liquide virulent que l'on a préparé de la façon suivante : Dans un petit verre à expérience recouvert de papier, le tout parfaitement stérilisé, on dépose un fragment du bulbe d'un chien mort de la rage ordinaire, rage des rues, fragment que l'on a recueilli sur la tête de l'animal, avec toutes les précautions possibles, pour se mettre à l'abri des microbes étrangers. Les ciseaux, les scapels, tout ce qui sert, étant parfaitement flambé chaque fois.

Au moyen d'une tige de verre, soigneusement flambée, on broie ce fragment de bulbe, que l'on dilue peu à peu dans un liquide stérilisé (bouillon de veau, eau distillée). On obtient ainsi un liquide trouble, qui contient des parcelles de substance nerveuse en suspension. C'est ce liquide qui constitue le liquide virulent, avec lequel on pratique les inoculations.

On en charge une seringue de Pravaz, parfaitement stérilisée par l'ébullition et armant cette seringue d'une petite aiguille recourbée, on pratique l'inoculation en perforant la dure-mère, et en déposant par injection à la surface du cerveau, dans l'espace arachnoïdien, quelques gouttes de ce liquide dont il ne faut pas craindre de mettre un léger excès. On retire la canule, quelques gouttes de liquide ressortent, on les absorbe au moyen d'un peu de papier à filtrer.

L'inoculation pratiquée, on lave la plaie crânienne et cutanée avec de l'eau fortement phéniquée; on applique quelques points de suture pour maintenir la plaie fermée, et l'on fait un nouveau lavage phéniqué pour éviter les microbes étrangers.

En prenant toutes les précautions voulues, cette plaie entre bientôt en voie de cicatrisation et *jamais* il ne survient d'accidents. C'est du moins ce que l'on a pu constater à Paris, malgré les centaines d'opérations pratiquées depuis plusieurs années; c'est aussi ce que j'ai pu constater moi-même, depuis que je pratique des inoculations par trépanation. Les accidents inhérents à l'opération étant écartés, on se trouve en présence d'une méthode aussi sûre que simple.

M. P. Gibier a bien, il est vrai, préconisé l'injection du liquide virulent dans l'intérieur du crâne, en pratiquant une simple piqûre à la calotte osseuse, piqûre par laquelle on fait pénétrer la canule de la seringue de Pravaz. Mais sait-on bien par ce procédé, le point sur lequel porte l'injection ? est-on au-dessus ou au-dessous de la dure-mère ?

On a encore conseillé les injections dans la chambre antérieure de l'œil.

M. H. Fol injecte le liquide virulent à l'aide d'une canule pointue qu'il introduit à travers la conjonctive, dans le fond de l'orbite et en perçant facilement la lamelle osseuse, très mince chez les rongeurs, qui sépare l'orbite de la base du cerveau.

Toutes ces modifications assurément donnent de bons résultats, et comme il suffit que le liquide virulent soit introduit à la surface du cerveau, pour que la rage se développe, on peut préconiser autant de procédés qu'il y a de points du cerveau facilement atteints par une aiguille de seringue. Mais en somme, la trépanation ne donnant lieu à aucune complication, permettant d'agir à coup sûr et donnant toujours des résultats bien identiques, pourquoi lui substituer un autre procédé ?

L'animal ainsi opéré est voué fatalement à la rage, mais dans un laps de temps plus ou moins court, suivant les conditions dans lesquelles il a été opéré, suivant, c'est le cas de le dire, son numéro de passage.

Après l'opération, le sommeil chloroformique dissipé, l'animal redevient alerte comme avant, il mange comme à l'état normal, il reprend en somme toutes les allures de la santé.

Mais au bout d'une moyenne de quinze jours d'incubation, si c'est un premier passage du chien au lapin, tous les symptômes de la rage éclatent, mais de la rage paralytique.

L'animal commence généralement à être pris par l'arrière-train, par une des pattes de devant, c'est rare. Les premiers phénomènes qui se présentent sont dans les pattes de derrière ; la station n'est plus aussi parfaite. Que l'animal, volontairement ou à la suite d'une excitation, vienne à se déplacer, il éprouve une certaine gêne à se fixer dans une position de repos. L'arrière-train se balance, l'animal titube, il cherche un moment l'équilibre. Malgré cela, il continue à manger, quelquefois même avec une certaine voracité. Peu à peu, les phénomènes paralytiques vont en augmentant, l'arrière-train se trouve presque complètement paralysé. Sous l'influence d'un effort, l'animal, qui peut encore se servir de ses pattes antérieures, traîne, pour ainsi dire, son arrière-train ; mais bientôt, la paralysie gagnant, l'animal tombe sur le flanc pour ne plus se relever.

On observe parfois quelques mouvements convulsifs dans les pattes, la tête est rejetée en arrière, la langue est fréquemment projetée en dehors de la bouche, on constate des mouvements convulsifs des muscles masticateurs.

Enfin, la paralysie se généralise, la respiration seule persiste pendant un certain temps, mais très-ralentie. Puis la mort survient dans un espace de temps qui varie peu, entre trois et six jours.

Quelquefois ce sont les muscles du cou qui sont les premiers atteints, ce qui occasionne une inclinaison de la tête de l'animal, dès les premiers symptômes de la maladie.

La rage furieuse chez le lapin est la grande exception ; elle n'a été constatée que deux fois au laboratoire de M. Pasteur, jamais je ne l'ai observée.

Si les expériences se font sur les cobayes, le tableau change. La rage furieuse est plus fréquente chez eux. Ils présentent des phénomènes d'une grande agitation et d'une grande excitation génésique. L'animal court, saute, mort les barreaux de sa cage ainsi que les objets qu'on lui tend et quelquefois, sans avoir éprouvé ces phénomènes paralytiques que d'autres présentent, il meurt subitement.

Tous ces phénomènes, chez le lapin surtout, qui est l'animal qui nous occupe, se développent après une période d'incubation qui varie un peu, dans les premiers passages, mais ne dépasse jamais trois semaines.

Dans un premier passage que j'ai pratiqué le 15 janvier 1886, avec un fragment de bulbe d'un chien qui m'avait été adressé, la rage ne s'est déclarée que le 4 février, c'est-à-dire 20 jours après l'inoculation.

Dans une autre expérience faite avec un fragment de bulbe d'un autre chien mort de la rage mue, l'inoculation a été pratiquée le 21 février 1886 et la rage s'est déclarée le 9 mars, c'est-à-dire 16 jours après.

Si maintenant, avec le bulbe virulent de ce premier lapin, on inocule un second lapin, de celui-ci un troisième et ainsi de suite de lapin à lapin, par la méthode de l'inoculation par trépanation, on ne tarde pas à constater une tendance très-marquée à la diminution de la période d'incubation ; c'est-à-dire, ainsi que nous l'avons déjà indiqué, page 11, à l'augmentation de la virulence. A tel point qu'au 25me passage environ, la durée de l'incubation n'est plus que de huit jours. Cette période de huit jours se maintient encore pendant 20 à 25 passages, pour en arriver à une durée de 7 jours, qui se maintient avec une régularité étonnante jusqu'au 90me passage, c'est du moins le point auquel en était M. Pasteur, lors de sa communication, et j'ai pu constater qu'au 99me passage, il y avait une tendance à une légère diminution dans la durée de l'incubation, la rage éclatant du sixième au septième jour.

Depuis mon retour de Paris, je n'ai cessé de continuer ces passages au moyen d'un fragment de moelle que j'ai rapportée ; j'en suis au 105me et je n'ai pas constaté de nouvelle diminution.

Je dois ajouter que les ressources de mon laboratoire ne m'ont pas toujours permis d'opérer comme je l'aurais voulu, aussi cela m'a occasionné quelques petites irrégularités dans les périodes d'incubation, mais sans jamais beaucoup d'écart et sans *le moindre insuccès*. Tous les animaux inoculés sont morts de la rage dans le délai prévu, ce qui démontre combien la méthode est sûre et précise.

« Ce genre d'expériences, comme le dit M. Pasteur, commencé en novembre 1882, a déjà trois années de durées, sans que la série ait été jamais interrompue, sans que jamais, non plus, on ait dû recourir à un virus autre que celui des lapins successivement morts rabiques. Rien de plus facile, en conséquence, d'avoir constamment à sa disposition, pendant des intervalles de temps considérables, un virus rabique d'une

pureté parfaite, toujours identique à lui-même ou à très peu
près. C'est là le nœud *pratique* de la méthode. »

Une fois en possession de ce virus résidant non seulement
dans le bulbe, mais encore dans toute l'étendue du système
nerveux cérébro-spinal, quel procédé pouvait-on employer
pour l'atténuer ?

En expérimentant sur des moelles qui ne datent pas du jour
même, mais qui proviennent d'animaux morts de la rage
depuis 3, 4, 5, 6, 7 jours, on peut constater que les moelles
ont conservé leur virulence, mais avec une petite différence
au point de vue de l'intensité. C'est-à-dire que si au lieu
d'inoculer, toujours par trépanation, bien entendu, un lapin
avec un fragment de bulbe d'un animal mort dans la journée,
on l'inocule avec une moelle de 5 à 7 jours, la rage, au lieu de
se développer mathématiquement entre le 6me et le 7me jour,
si l'on est arrivé au 105me passage, par exemple, mettra un
temps beaucoup plus long avant d'éclater sur l'animal inoculé. Preuve que la virulence de cette moelle a diminué, par
le fait du temps écoulé, car si le jour de la mort de l'animal,
un fragment de cette même moelle a servi à pratiquer une
inoculation, l'animal aura éprouvé les premiers symptômes
de la rage du 6me au 7me jour.

Si, au lieu d'attendre 7 à 8 jours, on laisse s'écouler un laps
de temps double, la virulence s'éteint tout à fait.

On se trouve donc en présence d'un fait scientifique du plus
haut intérêt. C'est que l'on peut obtenir en se plaçant dans
des conditions spéciales, du virus de plus en plus faible et
même complètement atténué, puisqu'il n'est plus apte à faire
éclater la rage sur les animaux chez qui il a été inoculé. Et
non seulement, comme nous le verrons plus loin, ces animaux
ne sont pas atteints de la rage, mais ils sont encore rendus
réfractaires à toutes les inoculations rabiques,

Quelles sont les conditions voulues pour cela ?

Elles ont été établies par l'expérience de plusieurs années
au laboratoire de M. Pasteur.

Il suffit de détacher, avec toutes les précautions possibles,
pour obtenir la pureté la plus grande, quelques centimètres

de la moelle d'un animal mort de la rage, et de suspendre ce fragment dans un air sec à une température donnée, car l'expérience a démontré que la virulence dure plus ou moins longtemps, suivant la température. C'est ainsi qu'avec une température basse, la virulence des moelles dure plus longtemps qu'avec une température élevée.

A cet effet, chaque jour, dans un flacon stérilisé, renfermant dans le fond, de la potasse caustique, de manière à maintenir l'air parfaitement sec, on suspend un fragment de quelques centimètres, de la moelle recueillie. La portion de moelle choisie de préférence est la moelle cervicale. Le flacon est bouché avec du coton stérilisé, de manière à laisser pénétrer de l'air dépourvu de germes étrangers. Dans ces conditions, la dessication des moelles s'opère très-rapidement. On a ainsi une série de flacons renfermant des moelles de dates diverses.

Tous ces flacons sont disposés soit dans un appartement, soit dans une grande étuve dont la température est maintenue d'une façon constante entre 23° et 25°, vu que c'est la température qui, d'après les observations de M. Pasteur, donne les résultats les plus constants, et l'on ne doit point oublier un seul instant que, pour un sujet comme celui qui nous occupe, pour obtenir des résultats constants et précis, il est du plus grand intérêt d'observer toutes les conditions voulues.

Ce qui fait la force de toutes les belles découvertes de M. Pasteur, c'est, sans contredit, cette rigueur expérimentale, qu'il faudrait pouvoir toujours trouver chez ceux qui se livrent aux études expérimentales. C'est cette rigueur expérimentale qui, fixant les conditions nécessaires pour une expérience quelconque, permet de la répéter et d'obtenir *toujours* le résultat annoncé.

Que de contradictions, que de discussions inutiles n'aurait-on pas évitées, si l'on s'en était toujours bien tenu à ces préceptes !

Ces flacons disposés ainsi que nous l'avons dit, constituent une collection de moelles qui présentent une véritable gamme dans la virulence, depuis la plus forte, c'est-à-dire celle qui développe, après trépanation, la rage dans l'espace de six à sept jours, actuellement, jusqu'à celle qui ne la développe plus et qui, bien plus, met l'animal dans un état réfractaire aux inoculations les plus actives, à l'inoculation par trépanation d'un bulbe de lapin mort de la rage en sept jours.

M. Pasteur a donc pu annoncer avec satisfaction, qu'il avait trouvé la méthode précise, non seulement pour avoir du virus atténué, mais encore pour avoir du virus vaccinal contre l'évolution de la rage.

La preuve expérimentale peut en être facilement faite.

Si, prenant une série de 14 flacons, renfermant des moelles préparées comme nous l'avons dit précédemment, datant de un à quatorze jours, on vient à inoculer, toujours par trépanation, quatorze lapins avec ces moelles, on peut constater : que tous les lapins inoculés avec les moelles de un à huit jours meurent enragés dans un laps de temps variant avec la vieillesse de la moelle; c'est-à-dire que la moelle du premier jour détermine la rage la plus prompte que l'on ait pu obtenir jusque là, par les passages successifs, et que la rage se développe chez les autres lapins, dans un temps qui va en augmentant, jusqu'à environ quinze jours, pour les lapins inoculés avec les moelles de sept à huit jours.

On peut constater ensuite que tous les autres lapins n'éprouvent aucun des symptômes de la rage, quelle que soit la longueur du temps pendant lequel on les conserve en observation, et de plus, si l'on vient à leur inoculer du virus le plus fort, ils restent indemnes, la rage ne se développe jamais sur eux, ils ont une immunité absolue. On peut les faire mordre par des animaux atteints de la rage, on peut leur injecter à la surface du cerveau du virus rabique d'un animal venant de mourir de la rage, *jamais* ils ne contractent la maladie, ils sont absolument réfractaires ils sont, en un mot, *vaccinés*.

Le grand problème était enfin résolu, le virus rabique pouvait non seulement se cultiver à l'état de pureté, mais on pouvait l'avoir à l'état de vaccin, au bout de dix à quatorze jours d'exposition à l'air sec à une température de 23° à 25°.

Il était intéressant de répéter l'expérience, non seulement sur le lapin, mais encore sur le chien, qui est l'animal propagateur de la rage par excellence.

L'expérience a été faite, avec le succès le plus absolu, sur une grande quantité de chiens, de la façon suivante :

Des expériences nombreuses ayant montré que dans les conditions indiquées plus haut, les moelles non seulement avaient perdu leur virulence au bout de dix à douze jours, mais encore pouvaient conférer l'immunité, on inocula sous la peau du flanc du chien que l'on voulait rendre réfractaire, une pleine seringue de Pravaz, d'un liquide soigneusement stérilisé (bouillon de veau, eau distillée), dans lequel on avait dilué un petit fragment d'une moelle, qui était restée en flacon à l'air sec, quatorze jours. Le lendemain, on répéta l'opération, avec un fragment de moelle de douze jours ; le surlendemain, avec une moelle de dix jours: puis les jours suivants avec une moelle de huit, six, quatre jours, et enfin avec une moelle très virulente de deux à un jour.

L'animal maintenu en observation, non seulement n'a éprouvé aucun des symptômes de la rage, mais encore il a été réfractaire à toute espèce d'inoculation rabique ; morsure, inoculation sous-cutanée, inoculation par trépanation.

Et ce n'est pas l'exception, autant de chiens opérés, autant de chiens réfractaires !

Il était difficile d'avoir une somme plus grande de résultats affirmatifs. Aussi, la première tentative faite par M. Pasteur, le 6 juillet 1885, sur le jeune Meister, dont tout le monde connaît l'histoire, n'avait rien que de très justifié, car la méthode employée était basée sur des quantités d'expériences, ayant toutes donné des résultats constants et affirmatifs. Et à l'heure actuelle, non seulement M. Pasteur, mais le monde entier doit se réjouir de la tentative faite le 6 juillet.

Mais, objectera-t-on, les animaux sont rendus réfractaires à la rage avant la morsure, tandis que le jeune Meister ou les personnes traitées, ne l'ont été qu'après la morsure? Cette objection peut être écartée, car l'expérience avait déjà démontré, que lorsque la morsure et le traitement institué n'étaient pas séparés par un nombre de jours trop grand, l'immunité était aussi parfaite.

J'aborde maintenant le côté pratique. Comment se fait le traitement sur l'homme mordu par un animal enragé?

Les opérations se pratiquent à peu près comme nous l'avons dit pour rendre les chiens réfractaires. C'est-à-dire que l'on commence par diluer, au moyen d'une baguette de verre flambée, dans un verre recouvert et parfaitement stérilisé, un fragment de moelle maintenu à l'air sec, à une température de 23° à 25°. Cette dilution, qui doit se faire avec toutes les précautions possibles de pureté, se pratique dans un liquide stérilisé (bouillon de veau ou eau distillée).

La première moelle employée doit avoir quatorze jours.

On charge de ce liquide une seringue de Pravaz, et on en. injecte, pour un homme, trois quarts de seringue, pour une femme ou un enfant, une demi-seringue. L'injection se fait dans le flanc de la personne, un jour à droite, un jour à gauche. Le second jour, l'injection se fait avec une moelle de treize jours, et ainsi de suite les jours suivants, en employant des moelles de plus en plus récentes, jusqu'à ce que l'on arrive à une moelle de virulence active.

Pour le jeune Meister, M. Pasteur est allé jusqu'à la moelle de un jour, c'est-à-dire d'une virulence maximum. Mais il a reconnu depuis qu'il n'était pas nécessaire d'aller jusqu'à ce degré de virulence et que l'on pouvait parfaitement s'arrêter à l'injection pratiquée avec une moelle de quatre à cinq jours.

Ces injections ne produisent absolument aucun effet immédiat, surtout les premiers jours, sauf la petite douleur produite par le fait de l'injection. Le sujet en traitement n'éprouve rien de particulier comme symptômes généraux, et ce n'est que lorsque l'injection est pratiquée avec un liquide très virulent, que la région où elle a été faite devient un peu rouge et présente un peu de chaleur, symptômes qui, du reste, ne tardent pas à disparaître bientôt.

Lorsque l'on en est arrivé à ce point, le traitement peut être considéré comme fini, le sujet est réfractaire à la rage.

Jamais aucun accident local n'a été observé, depuis que ces injections se pratiquent, pas le moindre petit abcès, et c'est par milliers que ces injections ont été faites depuis que la méthode, pour le plus grand bien de l'humanité, a passé du terrain de l'expérimentation à la pratique.

C'est encore à cette rigueur expérimentale, dont je parlais plus haut, que l'on doit ces beaux résultats. Tous les instruments sont stérilisés avec le plus grand soin, les seringues de Pravaz, avec lesquelles on pratique les inoculations, ne servent qu'une fois. Elles sont, chaque jour, démontées et bouillies, le piston en est changé, de manière à ce que l'on puisse être sûr de la pureté du liquide que l'on injecte.

Ce n'est qu'à ces conditions que l'on peut obtenir les résultats consignés plus haut.

Maintenant, pourrait-on douter un seul instant de l'efficacité de la méthode après la dernière communication de M. Pasteur. Trois cent cinquante personnes ont été traitées et, sur ce nombre, pas un seul insuccès, pas un seul accident, car franchement, on ne peut compter la jeune Louise Pelletier, horriblement mordue le 3 octobre 1885, et amenée à M. Pasteur le 9 novembre 1885, 37 jours après la morsure.

En présence de tous ces résultats, les objections doivent tomber. Aussi bien celles basées sur la durée de l'incubation, que celles fondées sur ce que toutes les personnes mordues ne contractent pas la rage fatalement.

Logiquement, il serait difficile d'admettre que sur les trois cent cinquante personnes traitées par M. Pasteur, le hasard ait fait qu'il se soit trouvé en présence de trois cent cinquante cas exceptionnels.

Si, en effet, on s'en rapporte aux statistiques bien faites, comme celle de M. Leblanc, rapportée par M. Pasteur, on trouve que pendant six années la mortalité a été la suivante dans le département de la Seine :

1878	—	103	personnes	mordues	—	24	morts
1879	—	76	»	»	—	12	»
1880	—	68	»	»	—	5	»
1881	—	156	»	»	—	23	»
1882	—	67	»	»	—	11	»
1883	—	45	»	»	—	6	»

Ce qui donne un total de 81 personnes mortes de la rage sur 515 personnes mordues, soit une proportion de 1 pour 6 environ.

Par conséquent, en se rapportant à cette statistique, on peut au moins admettre que sur ces 350 cas, 56 seraient morts de la rage, s'ils n'avaient pas bénéficié des bienfaits des inoculations préventives de M. Pasteur. Et je ne serais pas éloigné de croire que les statistiques ont été jusqu'ici au-dessous de la vérité, au point de vue de la mortalité. D'abord, parce que les cas de rage étaient souvent soigneusement cachés, et ensuite, parce que souvent on a dû considérer comme enragés des chiens qui ne l'étaient pas. J'en ai acquis la conviction depuis que je fais des inoculations. Plusieurs têtes de chiens abattus comme enragés m'ont été adressées, et après inoculation intra-arachnoïdienne ne m'ont absolument rien donné. Les lapins témoins se portent encore très bien dans mon laboratoire, quoique opérés déjà depuis longtemps. Ils ont dépassé de beaucoup la durée d'incubation moyenne établie par les recherches de M. Pasteur et d'après ce que j'ai pu observer moi-même ici.

« Mais, comme le dit encore M. Pasteur, dont je transcris les paroles textuelles, pour apprécier l'efficacité de la méthode de la prophylaxie de la rage, il reste une seconde question non moins capitale que celle de la moyenne des cas de mort par rage, à la suite des morsures rabiques. C'est la question de savoir si nous sommes suffisamment éloignés de l'instant des morsures chez les personnes déjà traitées, pour ne plus craindre qu'elles prennent la rage. En d'autres termes, dans quel délai la rage, après morsure rabique, fait-elle explosion ? »

Les statistiques établissent que c'est surtout dans les deux mois, c'est-à-dire dans les 40 à 60 jours qui suivent les morsures que la rage se manifeste. Or, sur les personnes de tout âge et de tout sexe déjà traitées par la nouvelle méthode, 100 ont été mordues avant le 15 décembre 1885, c'est-à-dire depuis plus de deux mois et demi. La seconde centaine a plus de six semaines et deux mois de morsure. Pour les 150 autres personnes traitées ou en traitement, tout se passe jusqu'à présent comme pour les deux cents premières.

On voit, en s'appuyant sur les statistiques les plus rigoureuses, quel nombre élevé de personnes ont été déjà soustraites à la mort.

La prophylaxie de la rage après morsure est fondée.

Il y a lieu de créer un établissement vaccinal contre la rage. »

Comme on le voit, par les conclusions formulées le 1er mars par M. Pasteur lui-même, la création d'un établissement vaccinal contre la rage s'impose.

Reste à soulever la question de savoir si un seul établissement à Paris pourra suffire, ou s'il y a lieu d'en créer dans différents centres, et en particulier, à Marseille.

Vous m'avez envoyé, Messieurs, auprès de M. Pasteur, pour m'initier à sa méthode et voir s'il serait possible de doter Marseille d'un établissement vaccinal contre la rage.

Je vous laisse apprécier, par mon rapport, si j'ai rempli convenablement la première partie de ma mission, en suivant, comme je l'ai fait, tous les temps de cette précieuse découverte dans son application. Quant au second point, celui qui est relatif à l'installation d'un établissement vaccinal à Marseille, je ne puis et ne dois que vous rapporter le résultat de mes conversations avec M. Pasteur, conversations qui résument la pensée de l'illustre savant en cette matière.

« Pour créer d'autres laboratoires d'inoculation en dehors de Paris, m'a-t-il dit, le moment n'est pas encore venu, il faut attendre, car j'espère que la méthode suivie jusqu'à présent pourra être simplifiée de nouveau dans son application. Jusqu'à ce moment, avec les moyens rapides de locomotion qui existent, un seul laboratoire peut suffire non seulement pour la France, mais encore pour toute l'Europe et même l'Amérique du Nord, a-t-il ajouté, à l'Institut, le 1er mars, puisque des personnes sont venues de New-York, se faire soigner par cette méthode préventive. Il y aurait donc intérêt à envoyer à Paris toute personne qui serait dans l'impossibilité de s'y rendre avec ses propres ressources.

Telles sont les conclusions de M. Pasteur. Puis-je arriver à en formuler de différentes? Je ne me le permettrais pas.

Il y a donc lieu, pour le moment, au point de vue de l'application du traitement à l'homme, de fournir les moyens d'envoyer à l'Institut Pasteur, les personnes qui ne pourraient pas y aller.

Mais il ne faudrait pas que ce soit là un prétexte à voyage, et comme d'un autre côté le temps presse en pareil cas, il y aurait lieu d'aviser à cela et de n'envoyer, sur l'avis d'un médecin désigné à cet effet, que les personnes dûment mordues par des animaux reconnus enragés.

Les cas dans la région ne sont malheureusement que trop nombreux, pour que cette grave question n'éveille la sollicitude des autorités compétentes.

C'est ainsi que depuis le commencement de l'année, j'ai dû adresser à M. Pasteur les six personnes suivantes:

Le 2 janvier, Emmanuel Richard, âgé de onze ans, venant d'Oran, mordu le 13 décembre 1885, à la main droite;

Le 14 janvier, Lucien Vallier, âgé de trente-deux mois, de Marseille, mordu le 9 janvier, à la main gauche;

Le 17 janvier, Joseph Bozingano, âgé de cinquante-cinq ans, habitant Marseille, mordu le 12 janvier, à la main gauche;

Le 18 janvier, Léandre Simian, âgé de six ans, de Puyloubier, mordu le 13 janvier, au coude gauche;

Le 28 janvier, Lucien Décanis, âgé de cinq ans, de Cadolive, mordu le 24 janvier, à l'annulaire droit;

Le 14 mars, Marie Triolet, âgée de cinquante-neuf ans, de Fuveau, mordue le 8 mars, au bras droit (1).

En se basant sur les statistiques les plus rigoureuses, on peut certainement dire que sur ces six personnes, au moins une serait fatalement morte de la rage si le traitement prophylactique n'avait pu leur être appliqué.

Il vous appartient, Messieurs, de prendre les mesures nécessaires pour que nos concitoyens malheureux puissent profiter des bienfaits de la méthode que je vous ai exposée précédemment.

Les sacrifices imposés au département ne seront pas inutiles, car vous pourrez dire, chaque année, que, grâce à vous, plusieurs personnes auront été arrachées à la mort.

Maintenant, en présence des résultats merveilleux obtenus par M. Pasteur, on ne saurait donner trop d'impulsion aux recherches sur les maladies virulentes et contagieuses.

Si, pour le moment, les établissements d'inoculation ne peuvent être multipliés, les laboratoires de recherches doivent l'être.

(1) Depuis le dépôt de mon rapport, dix autres personnes de la région sont parties sur mes recommandations :

Le 28 mars, Thérèse Masset, 19 ans, d'Aubagne, mordue le 26 mars à l'index droit ;

Le 20 avril, Joseph Maneille, 32 ans, de Peynier, mordu le 17 avril à l'index droit ;

Le 20 avril, Louis Olive, 20 mois, de Peynier, mordu le 17 avril au bras droit et à la jambe gauche ;

Le 10 mai, Félix Roubaud, 24 ans, de Roquevaire, mordu le 1er mai à l index gauche.

Le 27 mai, Gabriel Bonnetti, 13 ans, mordu le 24 mai à la cuisse droite ;

Le 27 mai, Christine Manzone, 7 ans, mordue le 24 mai à la jambe gauche ;

Le 27 mai, Pierre Rua, 13 ans, mordu le 24 mai à la jambe gauche ;

Le 28 mai, Félix Brun, 5 ans, mordu le 23 mai au mollet gauche ;

Le 28 mai, Rosalie Audibert, 40 ans, mordue le 25 mai au pied droit ;

Le 8 juin, Rosalie Verra, 5 ans, de la Bourine, mordue le 3 juin à la jambe gauche.

Bien des laboratoires existent, il est vrai, mais il faut le reconnaître, en province ils sont réduits à l'impuissance. La bonne volonté ne fait pas défaut; le côté matériel manque absolument.

L'étude du virus rabique demande à être poursuivie.

Comme on a pu le voir par les détails donnés plus haut, l'application des inoculations est encore assez complexe.

La méthode est susceptible d'être simplifiée, m'a dit M. Pasteur. C'est donc cette simplification qu'il faut rechercher.

A la tête du laboratoire de physiologie de l'École de médecine de Marseille, je ne demande que les moyens nécessaires, non seulement, afin de poursuivre les études que j'ai commencées sur la rage, les maladies virulentes et contagieuses, mais encore pour me tenir prêt à doter la région d'un établissement vaccinal, sinon pour l'homme, mais au moins pour les animaux, lorsque cette méthode si sûre, encore simplifiée, pourra être généralisée.

Le sillon est tracé, il faut le suivre.

L'avenir est aux sciences expérimentales, n'en a-t-on pas aujourd'hui une preuve éclatante !

Marseille, le 27 Mars 1886.

Dr LIVON.

www.ingramcontent.com/pod-product-compliance
Lightning Source LLC
Chambersburg PA
CBHW061739060726
47597CB00007B/2673